11.6.1998

Marcus notre
je crois que notre
chemin reste ouvert
pour accueillir nos
pas. Restons encore
forts pour la marche -
Amicalement

Collection
Contes d'ici et d'ailleurs

Gilbert Massala Salladin a longtemps été l'un des principaux animateurs de la vie culturelle du Congo. Avec sa compagnie, **La grande école**, il a créé plusieurs pièces de théâtre : **Ça va barder chez Bibimbu** *(1980)*, **La petite vie du chef** *(1980)*, **Coup d'oeil sur Bizongo** *(1980)*, **Maniondongolo** *(1981)*, **Le baiser de Mandangui le fou** *(1981)*, **Le dernier soupir de Dzéké dia Mavula** *(1979)*, et **Les tracas d'une mondaine** *(1979)*.

Musicien et comédien, Gilbert Massala Salladin est un conteur, porteur de tradition et de modernité, un griot de talent offrant le sourire des contes qui naissent de ses notes de guitare aux enfants et aux adultes de par le monde.

Mémoire et voyages

Si vous souhaitez recevoir notre catalogue
et être tenu au courant de nos publications,
envoyez-nous vos nom et adresse.

Photo de l'auteur : M.L. Dubost
© Éditions Acoria, 1997
Direction : Caya Makhélé
191, rue Saint-Maur, 75010 Paris
Tél. : 01 42 00 33 79 - Télécopie : 01 42 49 14 96

ISBN 2-912525-00-4

Gilbert Massala Salladin

Mémoire et voyages

Contes et récits

191 rue Saint-Maur, 75010 Paris

INTRODUCTION

La vie, disent les anciens, c'est un interminable voyage. Ni début, ni fin. À l'enfant qui sort du ventre de sa mère, le vieux sage de la famille le prenant dans ses mains pour la première fois, proclame : « Neuf mois de halte, ça suffit amplement. Ton séjour est terminé : Bienvenue parmi nous, nous sommes les témoins de ta prochaine étape. Entame-la et va le plus loin que tu peux. Nous te soutiendrons. »

Le plus grand rassemblement pour prouver qu'on a honoré cette promesse de soutien au familier sera sans nul doute le jour du « grand sommeil » quand, avec ou sans sa volonté, on sera allongé sous terre aux côtés des pères et arrières-pères. On entendra encore le vieux sage, ou plutôt son successeur qui dira : « Bon voyage cher collègue et frère ! Dis à tous les nôtres que nous serons bientôt là nous aussi. Mais reviens, n'attends pas. Les ventres de nos soeurs sont vides, on t'y attend, reviens le plus tôt possible. »

À force d'ausculter l'horizon infini, d'interroger les insaisissables nuages et de compter les innombrables étoiles, l'homme, se reconnaissant insignifiant devant l'immensité du globe, a inventé Dieu.

Malheur à ceux qui n'ont aucun secours face au dessein fatidique de l'existence. Ils traîneront leur carcasse sur terre avec la grande peur de mourir. Et le soleil recherché ne sera jamais qu'une illusion.

J'ignore de quel côté je me trouve, mais j'adore voyager et où que je parte, le vieil homme jamais enterré de ma mémoire repeint toujours mon enfance et je réentends tous les carrefours de mes doutes : « Notre forêt est dense et pleine de fauves, mais il faut la pénétrer car le bonheur s'y trouve. On glisse la pirogue sur la rivière même si l'hippopotame est en vue, car nul ne peut arrêter la traversée. »

Les personnages de ces contes se rapprochent quelques fois de mon trajet. Le vieux Ndzombo, Ngondo, Mandangui, portent une veste mythique mais qui tire sa légende dans l'histoire réelle. J'étais plein d'admiration pour mon oncle Mboungou Ndzombo, un voyageur infatigable qui avait sillonné tout le pays Kongo et qui parlait plus de vingt dialectes. J'ai imaginé la sagesse de Ndzombo son père, que je n'ai pas connu mais dont lui, vantait la brillance.

Enfant, j'ai observé la bonté de Mandangui, un exclu de la société à Mouyondzi. On disait qu'il était fou, idiot. Est-ce parce qu'il était sans maison, célibataire, sans travail précis, qu'il acceptait que tout le monde l'insulte ? Moi, je retenais que cet homme, dénigré des paysans, était celui qui cherchait du bois de chauffe pour toutes les places publiques des villages où il passait ; il était la radio de la région, organisant ses tournées d'information d'un hameau à l'autre pour annoncer un décès, une naissance, un marché, etc.... Il passait ses nuits dans les abris découverts des mbongui ; c'était le clochard de tout le monde qui demeurait lucide malgré son refus de faire comme les autres.

Ngondo, c'est le neveu de mon père, qui hérita de conduire la famille après la mort de ses oncles. Lui était stérile mais débordait d'amour pour les enfants de ses frères et oncles. Grand récolteur de vin de palme, éleveur et cultivateur, il ne manquait de rien. C'était le riche bienheureux et bien aimé de chez nous.

SOUPIR DU PAYSAN

Sourire et soupir d'un paysan

Ku bulula, ku lebe, ku binga wawawawa
Muyalu Nkéngé yaye e ha mbongi e
Kibuku kia ya Ndzussi mbungu é éh
Ku tembélè yeleyeleyele
Kiyangi é
Kipaki kia ma Kongo, baniontsi na bangol'é yele
Mua yé wu, muntsantsi yaya mua bula wa wa wa
Ngua Pindé eh luikiri é mbua madibu é
Tuéndénu tuéndénu tuéndénu é
Was'l'é tuéndénu ku ku yaba
Mé muan' é wa ma Kongo
Kong' na Miyalu mia Ntsatu ba bis' buwulu é yala

J'aime à me souvenir
De la fin du bêlement des moutons
Dans le village
Du grognement des cochons
De l'aboiement des chiens
Et de la dispute des pilons
Dans le mortier
Lorsque les enfants écrasent
Le saka-saka ou feuilles de manioc
Pour le dernier repas du soir

Tu tu tu tu tu tu tu tu tu

La musique du paysan
Ce sont les grands arbres de la forêt
Qui sont bousculés par la tornade
Et qui craquent d'un autre craquement
Que le craquement civilisé
Du tam-tam

Cra kakakakacra cra kakakakak wuwuwuwuwuwwah

Et ma mère dans cette forêt
Bousculée elle aussi par la tornade
Je la revois
À l'heure de la non-civilisation
La poitrine nue
Je revois les longues mamelles de ma mère
Qui se balancent
Et qui battent sur sa poitrine, un autre battement
Que le battement civilisé du tam-tam

Puak puak puak puak puak puak
Hé hé hé hé hé

Même le balancement des mamelles de ma mère
À l'heure de la non-civilisation
C'est une musique que vous trouverez bizarre
Par ignorance peut-être
Alors que moi

J'adore me souvenir
Du beau du vilain du monde

Mam' é ku ku yab'é
Ntsimb' na ya Nkéngé ku mantséké
Bét' na ma Kongo ku ku yab'é
Muan'é eh wa Niang' Mbussi é yéyéyéyéyéyé
Ya Niang' wa luat buyalé yalé yalé

Ils ont civilisé des faux poètes
Oubliant de signaler le simple ronflement
De grand-père
Couché sur sa natte, le soir auprès du feu
Grand-père ronflait
Et son ronflement se confondait
Avec les coassements des crapauds
Dans les coins humides de la case
Et les grognements des cochons, dans la mare du village

Hon hon ho hon hon hon

Mais dites-moi
N'est-ce pas de la musique, celle-là
Mais pourquoi le tam-tam ne l'a-t-il pas civilisée
Ah vous la trouveriez bizarre
Par ignorance, tout simplement
Moi, j'adore me souvenir
Du beau du vilain du monde

Yéh ku ku yabé
Mam'é ku mantséké
Yéh kué kuang' mangundu é
Yé éh miniak'é
Mam'é mayila
Nkéng'é yay'é hou
Was'tuénd'é ku mantséké yala

Ils ont civilisé des faux poètes
Oubliant de signaler
Le simple ruissellement, et le clapotement de l'eau
Provoqué par la chute des fruits
Dans le marigot, derrière la case de grand-père
Des fruits qui sont bousculés eux-mêmes
Depuis le haut de l'arbre
Par des vampires : les rois de la nuit
Et l'enfant aux bras de sa mère

Mama, mama, mama

Mais ma mère
Fidèle à sa mission de poète du soir
Les mains sur les joues de l'enfant
Elle lui souffle : Couche-toi
Ne pose pas de questions à la nuit
La nuit, c'est la voûte des mystères
La nuit, c'est la balade des vampires
La nuit, c'est le cercle de danse des sorciers
Et l'enfant, ensorcelé par les paroles endiablées
De la mère, s'abandonne au sommeil

Mam' é ku ku yab'é
Mam' é ku mantséké
Mam' é ku mangundu é
Mam' é ku miniak'é
Mam' é ku mayila
Eh eh eh eh eh eh

Ils ont civilisé des faux poètes
Oubliant de signaler le simple rire jovial
Des jolies filles du village qui remontent la colline
Les jarres d'eau sur les têtes
Pour le dernier service du soir

Et le retour du pêcheur,
Le grand retardataire du village
À l'heure où le ronflement de grand-père
Aura contaminé tous les petits-fils dans la case
À l'heure où le feu au foyer aura somnolé lui aussi
Et se sera éteint
À cette même heure où
Toutes les paupières seront signées closes
Là-bas sur la rivière
Le pêcheur et sa pirogue s'annoncent
Et par-delà le sillage
Que laisse la pagaie sur l'eau
J'adore repeindre
Le déferlement des vagues
Sur le sable asséché par le soleil du jour

Mais voilà une douceur
Que le tam-tam n'a pas pu civiliser
Musique de l'anti-musique,
Parce que non récupérée
Par les grosses compagnies internationales
Qui se targuent de tout commercialiser
Même les arts
Comme si le tam-tam aussi, était commercialisable

> *Eh eh eh eh*
> *Nkeng'é yayé eh hou*
> *Yé éh éh éh yala*

Je sais qu'il vous arrivera
De parcourir le monde entier
Peut-être par goût de l'aventure
Vous passerez par le Nicaragua , le Cambodge
La Chine populaire, la Tanzanie, le Malawi
Le Burkina Faso, le Congo, le Zaïre , l'Irlande
Vous y découvrirez un éventail de cultures
Que vous n'aurez jamais rencontrées
N'ayez jamais la manie de l'homme
De trouver bizarre ce qu'il ignore
Car le bizarre
Moi, je l'appelle

LE BEAU DU VILAIN DU MONDE

Ivry sur Seine, 1984.

NTANGU NA NGONDO
Soleil et Lune

Vous n'étiez pas encore nés
Moi non plus
Mon père et ma mère non plus

Il y a longtemps, longtemps, longtemps
Sur la terre
Vivaient les arrières-arrières de nos ancêtres
Il n'y avait ni les jours, ni les nuits

Ces arrières-arrières pères de nos pères
Adoraient le soleil
Car ils souhaitaient lui ressembler
Pour sa grande fierté

Donne-moi un peu de ton éclat
Disait la lune au soleil
Non ! Jamais je ne partagerai trace de ma beauté
Répliquait l'orgueilleux astre

Les hommes et les femmes
Se mettaient à chanter et à danser
Autour du soleil
En se moquant de la lune silencieuse
Couchée dans la mer

Le soleil cependant
Finit par se lasser de sa propre parade
Fermant les yeux
Le sommeil gagna tout son être
Alors, de très lourds nuages s'abattirent sur la terre
Qui se noya dans les ténèbres
Désemparés
Les hommes et les femmes supplièrent la lune
De leur ouvrir ses yeux

Se sentant honorée
La belle dame esquissa un sourire

On vit apparaître ses enfants
Les étoiles, çà et là dans les nuages
Drapés de bleu clair
L'espoir de vivre revint
Dans les coeurs des hommes

Par la suite ils découvrirent
La montée au-dessus des ondes
D'une lumière belle
Blanche, fraîche et douce
Telle une femme amoureuse

Le monde entier en fut charmé
Clameurs
Exaltation
Liesse générale

On réveilla le soleil
Pour admirer le spectacle
Mais jaloux et furieux
Ce dernier voulut avaler d'un seul coup
Sa soeur la lune
Qui s'enfuit à nouveau
Dans les eaux de l'océan
Jusqu'à la prochaine fatigue
De son frère le soleil
Comprenez, donc, pourquoi nous avons les jours
Et pourquoi nous avons les nuits

Paroles du vieux Ndzombo
Ils ont beau être frère et soeur
Ils ne brillent pas en même temps

Villeneuve St-Georges, 12 février 1989.

L'HOMME
QUI CHERCHAIT LE SOLEIL

Il venait de l'autre côté des montagnes
Il venait de l'autre rive du grand fleuve
Il venait de la savane de derrière les forêts
Il venait de loin, de très très loin
Mandangui allait vers la mer
Vers la ligne infinie

Poursuivant l'horizon
Il voulait rattraper
Le grand brillant des jours
Disparu du ciel
Devenu triste
Depuis le mois de juin
La fin de la saison des eaux
Mandangui marchait, recherchant le soleil

Un panier sur son dos
Chargé de mangues vertes
Et d'oseille séchée
Il tenait dans ses mains
Une corbeille de citrons
Refusant d'en donner
À ceux qui l'approchaient

Il marchait le jour
Sous un ciel lourd et sombre
Et s'arrêtait le soir, avant la nuit tombée
Un marcheur solitaire
Qui cherchait le soleil
Soleil, soleil, soleil
Soleil pour Mandangui

Il arriva à Mboté, un village souriant
Qui lui offrit un lit et de quoi se nourrir
Mais Mandangui refusa de partager le pain
Avec des inconnus
Il continua à manger son oseille séchée
Ses mangues et son citron
Et s'endormit après
Pauvre Mandangui

Le lendemain matin
Il fondit en larmes
Lorsqu'on vint lui apprendre
Que dans la nuit le soleil était apparu
Et il vociféra :
Mais je cherche le soleil
Je cherche le soleil
Je cherche le soleil

Pauvre Mandangui
Lui dit un jeune du village
Sois donc parmi nous

Ce soir, à la veillée familiale
On écoutera le vieux Ndzombo
Goûte aux plats de nos mères et soeurs
Tu cherches le soleil
Tu le trouveras ce soir

Mandangui ne put dire non à la proposition
Et le matin déjà, les habitants de Mboté
Selon la coutume
Vinrent serrer la main de l'étranger
Avec un large sourire
Du côté de chez nous
On ne cherche pas le soleil
Lui répéta le jeune homme
Du côté de chez nous
La saison sèche est sévère
Elle cache son soleil derrière le firmament
Et les jours sont lourds et gris
Dans les mois de juillet
D'août et de septembre
Du côté de chez nous
Les nuits sont longues et froides
Dans ces mois de disette
Alors nos mères chantent
Alors nos pères dansent
Et les enfants s'amusent
À la place publique
Autour d'un grand feu

Les coeurs gonflés de joie
Sois donc parmi nous ce soir
Tu verras qu'il viendra
Le soleil que tu cherches
Il nous illuminera

Et la nuit suivante
Selon les conseils du jeune homme
Mandangui s'enivra
Des clameurs de nos mères
Et salua la danse du ventre par nos soeurs
Il s'offrit au rire des jeunes filles
Et devint rire lui-même

Des nuages
Le soleil descendit sur son corps
Son coeur gonflé de joie
Il chantait, dansait et chantait
On ne cherche pas le soleil
Lorsqu'on l'a dans son coeur
On ne cherche pas le soleil
Lorsqu'on l'a sur le corps
On ne cherche pas le soleil
Qu'on a mis dans son coeur

Dans le train Bruxelles-Amsterdam,
novembre 1988.

BA NUA MAPA
Buveurs de flotte

Je suis aujourd'hui ce grand prince du pays lointain qui vécut deux ans de veuvage à la cour parce que sa bien-aimée mourut, empoisonnée par une liqueur fournie par un chef de tribu jaloux de son roi.

Le grand prince, désirant se remarier, fit défiler les plus belles filles de son royaume à la cour, leur demandant de lui offrir une boisson de leur choix.

Après un festival de tout le royaume, trois jeunes vierges furent sélectionnées. La plus belle de la tribu Ngandu se présenta à la cour. Une beauté de soleil ! Les gardiens du palais durent trembler et avaler leur salive d'envie. Et quelles bonnes manières ! Elle avança à genoux de la porte du palais au trône, une calebasse sur la tête.

- Monseigneur, dit-elle, je suis l'élue de votre grand peuple. Voudriez-vous goûter ce vin de palme du meilleur récolteur de mon village ? Après quoi, vous ferez de moi ce qu'ordonnent vos désirs.

Le roi goûta le ntsamba des Ngandu et fit un tour rapide dans une chambre du palais, accompagné par la jeune vierge.

Il revint seul accueillir la deuxième concurrente en grommelant :

- Du ntsamba comme celui-là, j'en ai eu tous les jours depuis ma naissance ! Elle est certes belle, la petite, mais est-ce là tout ? Qu'elle reste là, on tranchera après le passage des deux autres.

La deuxième prétendante apporta du boganda, quatre-vingt-quinze degrés d'alcool de maïs sec, pilé, bouilli, distillé ! Oh, que ça brûle !

- Inutile d'aller plus loin ! vociféra le prince, la loi du royaume interdit la consommation des alcools forts, et on se permet d'en envoyer au roi ; n'est-ce pas là une belle façon de conserver la vie de votre monarque ? Repartez dire à votre chef de tribu que je régnerai plus longtemps que lui ne désire. Ne perdons pas de temps. Gardes, faites entrer la troisième !

La jeune Bilongo, coiffée et parée telle une fille simple de la campagne, progressa devant le roi en chantant :

Mfumu Bakongo, Mfumu Bakoyi, Mfumu Batéké
Mé man' mapa kuam' ni ku tuéskirié
Mfumu é mfumu é mfumu é
Nua mapa ma ku ha kidzunu é

Monseigneur, mon gouverneur
Que j'aimerais si bien

Je vous apporte de l'eau
Dans la jarre de ma grand-mère
L'eau de source de la forêt de la bourgade
L'eau qui abreuve les enfants tous les jours
L'eau que boivent les pêcheurs
Qui rend forts les chasseurs

Buvez Monseigneur et soyez sage
Et soyez beau et soyez fier
Et protégez-nous
Peut-être alors quand vous voudriez
Que je devienne votre amour

Mfumu e, Mfumu e ka nua mapa
Mfumu e Mfumu e ka nua mapa

Le roi tomba des nues. Pour une surprise, c'en était une. De l'eau de source pour lui qui n'en avait jamais goûté pour raison de noblesse depuis vingt-cinq ans ! Il porta la jarre à la bouche sans autre forme de protocole, et la vida d'un trait, tellement l'eau était fraîche et douce à sa gorge habituée à la chaleur de l'alcool...

La jeune Bilongo fut élue princesse du royaume. Et c'est depuis ce temps que par chez nous, tout homme qui se respecte ne boit que de l'eau.

Savigny le Temple, 13 février 1989.

NKITA
L'arbre à deux branches

Je m'imagine aujourd'hui perché sur les épaules larges et solides du vieux Ndzombo qui me transporte du sud des mondes au nord. Comme un oiseau, on se pose sur une cour de récréation d'une école primaire. Les enfants sautent, crient, courent de partout ; ils semblent ne pas se soucier de notre monde aux milliers de questions irrésolues. Près de nous, Gaétan et Charles font l'exception ; ils discutent sérieusement.

Charles : Dis-moi Gaétan, tu connais les bons et les mauvais ?

Gaétan : Bien sûr, les gentils et les méchants ? Il n'y a que ça à la télé.

Charles : C'est vrai, et on se demande qui a le droit à la vie.

Gaétan : Oui, et on se demande aussi qui est bon et qui est mauvais, qui est méchant et qui est gentil, et pourquoi ?

- Oh lalalalalala ! s'exclame le vieux Ndzombo, vous êtes intéressants vous deux ! Je vais vous raconter une histoire, ça vous fera réfléchir davantage.

La sécheresse s'était abattue sur un village : les habitants n'avaient plus rien à manger ; ils avaient tous peur de mourir... Et pourtant, au milieu de ce village, un arbre appelé Nkita, ou arbre sacré, faisait encore croire à la vie. Nkita avait des feuilles, des fleurs et des fruits, mais Nkita n'avait que deux branches. La première portait des fruits empoisonnés et ce depuis les temps les plus reculés de la mémoire de ces lieux, alors que la seconde branche naturellement portait des fruits sains, c'est à dire de quoi nourrir les paysans. Mais personne ne pouvait distinguer la branche saine de la branche empoisonnée. Un devin passant par là fut consulté par le chef du village. L'étranger désigna la branche maudite. Le chef s'écria :

- Qu'on me la coupe ! Qu'on me la coupe cette branche !

La vilaine branche coupée, l'arbre entier mourut...

- Mais pourquoi avoir pensé à couper cette branche ? interrompent les enfants. Ils n'avaient qu'à manger les fruits sains.

- Voilà la fameuse intelligence de l'homme : il est toujours prêt à sectionner, à enrayer, à éliminer tout ce qu'il croit mauvais...

Fontainebleau, 1992.

LE GROS OISEAU SUR LA PLAGE

Interrogeons le vent
Remontons dans la mémoire
Renaissons dans le temps
Revenons sur l'histoire

Ainsi chantait mon père
Qui aimait raconter
Ce qu'il avait écouté
Du rapport de Grand-père
L'héritier des aïeux
De l'ancêtre des ancêtres de son père

Les hommes dont nous sommes les descendants
Ne connaissaient pas d'autre clan
Pas d'autre tribu ni ethnie
Que la grande famille de Ntsanga
Existait-il d'autres vies humaines
Là-bas au-delà de la mer et de la montagne
Et la vaste forêt vierge
Avait-elle une fin quelque part
Ces questions
N'avaient jamais hanté l'esprit des anciens
Ils étaient les seuls mortels
Jouissant de l'espace-terre
Tous de la même couleur, de la même race

L'inconnu était du domaine des mânes
Et chacun attendait son dernier jour
Pour pouvoir percer les ténèbres
Ainsi
Ils formaient un groupe de villages organisés
Autour du canton Ntsanga
Parlant la même langue
Et obéissant à un seul roi
Ce dernier d'ailleurs
En vertu de ses pouvoirs de maître du royaume
Vint à condamner une dizaine de citoyens
Qui avaient transgressé ses lois

Il leur imposa de prendre la pirogue
Et de voguer
Jusqu'à l'opposé invisible de l'océan
Ce fut la plus sévère des punitions
Jamais subie dans le royaume

Reviendraient-ils vivants un jour
Question mystérieuse
Face à l'horizon des ténèbres
Dans les nuits de l'océan
Devant l'attente longue et vaine du peuple affligé
Quelques citoyens courageux
Décidèrent de prendre les rames
Et partirent délibérément
À l'exploration de l'inconnu
Ils ne revinrent jamais

À la grande désolation du village
Des milliers d'autres braves gens
Subirent la même destinée
Pourtant,
Il arrivait qu'une colombe ou une hirondelle
Apparaisse à l'horizon des eaux tragiques
On recueillait l'oiseau
Et en lui donnant les soins
Qu'on doit à tout voyageur
On découvrait des traces
Soit de sang humain sur les ailes
Soit de plumes arrachées sur les côtés
Témoignages de survie
Qu'envoyait tout citoyen
Perdu dans la forêt
Selon un mode d'écriture du royaume
Mais comment croire
Que la mer pouvait abriter pigeons et hirondelles
Y avait-il des forêts là-bas
La question excitait davantage
Les dignes fils de Ntsanga
Qui s'arrachaient un à un
À la terre natale
Et partaient sans espoir mais avec fougue
À la découverte d'ailleurs
Les années avaient succédé aux années
Les rois avaient succédé aux rois
Nous étions au sacre du sixième souverain

Depuis l'exil des dix premiers rebelles punis
Et l'énigme demeurait sans lumière
La terreur alors commençait
À se saisir des citoyens
Qui déjà vénéraient ou presque
Tous les pigeons ou hirondelles
En provenance de l'océan
D'autres oiseaux
Plutôt bruyants
Volaient plus haut que les éperviers
Les arrières-arrières pères de nos pères
N'avaient pas connu cette espèce

C'est sur la plage de Ngongo
Où le monarque avait coutume
De haranguer les foules
Qu'un jour
Le drame dans les coeurs
La panique générale enfanta l'allégresse inattendue
Oui
J'imagine encore
Ce grand oiseau rageur qui s'annonce
Grondant sur les vagues
Après avoir effectué
Plusieurs tours au-dessus de nos têtes
On supplie le roi
Lui, en appelle aux dieux
Mais le rapace intrépide avance

Quelques citoyens peureux
Voulant détaler
Sont maîtrisés sous les ordres du souverain
Et, c'est au nez de tous
Que le gros oiseau métallique s'arrête
Avec en son sein
Des hommes et des femmes
Aux couleurs différentes
Et qui s'entretiennent
Mais en quelle langue
Changerait-on de couleur et de dialecte
Au royaume des disparus
Ce sont bien nos frères
On les entend qui s'interpellent
Makouangou, Mbombi, Mbila é, Kongo
Les propres petits-fils et petites-filles
Du village légué par les anciens

On court les embrasser
À la manière de notre peuple
Eux, s'y prennent autrement
À nos grands cris de joie
À nos mille questions
Ils répondent par de simples sourires
Et une langue insaisissable
C'est le premier contact avec d'autres peuples
Le début d'une autre civilisation
Ni la leur, ni la nôtre

Mais le droit à la différence
La fusion des êtres

Le monarque puissamment déclara
- Peuple de Ntsanga
D'autres hommes que nous
Existent bien là-bas, de l'autre côté du grand fleuve
Ceux-ci sont nos hôtes
Qu'éclate la fête en leur honneur
Grand feu
Tam-tam, tam-tam, tam-tam
Rires, chants
Partage de colis
Échange de cadeaux
Et caeteri, et caetera
Mikila mia ya Ngongo
Tu dia é matanga
Ce fut la fête
Le gros oiseau
Devait s'envoler quelques jours plus tard
Emportant le monarque de Ntsanga
Et quelques-uns de ses pages
Qui allèrent à leur tour
Percer les mystères d'ailleurs

Savigny le Temple, 1988
À la demande de Catherine Besnard sur le thème « Rencontre de cultures ».

SANGU
Le petit grain de maïs

Cette fois-ci, le vieux Ndzombo est arrivé au mbongi en courant, malgré son âge avancé. Deux heures déjà au moins, depuis que les marmots ont investi la place publique, la lune est bien pleine dans un ciel bleu étoilé. Ils discutent en désordre, se bousculent pour la meilleure place auprès du feu et bien face au dignitaire de la tradition, ils entonnent des refrains. Des cris et même des pleurs des plus faibles quelquefois s'ajoutent aux mélodies pourtant radieuses. Est-ce pour cela qu'il court, le vieillard ?

- Mama, mama, mama ! crie-t-il, les yeux écarquillés, imitant un enfant en détresse. Les jeunes ont vite compris que le conte venait de commencer. Aussi, ils se sont serrés les uns contre les autres, ont croisé leurs bras, et dans un silence absolu, ils ont laissé descendre en eux la sagesse bienfaisante des anciens.

- Le petit Sangu courait, courait, courait ; il courait sans s'arrêter... Mais pourquoi donc courait-il, notre petit bonhomme ?

Dans une cuvette remplie d'eau, l'enfant Sangu avait jeté une poignée de grains de maïs qui flottaient. Autour de la cuvette, des poules, des coqs et des canards tournaient à la queue leu leu et picoraient un à un les grains de maïs.

Au bout d'un moment, la cuvette fut vide. Nos grands oiseaux bien aimés de la basse-cour avaient avalé tout le maïs et même aspiré toute l'eau de la cuvette.

Vide, vide, la cuvette était vide ; mais les poules, les coqs et les canards tournaient toujours autour. Sangu prit peur. Oui, Sangu prit peur car si la cuvette était vide, il y avait encore un grain de maïs en chair et en os et bien vivant en ces lieux. C'était lui, il s'appelait Sangu, le petit grain de maïs.

La peur grandissant, l'enfant s'était mis à trembler ; il s'était levé et s'était mis à courir...

- Arrête-toi Sangu ! criait sa mère.

- Non, non, non ! répliquait-il affolé, désorienté.

La mère ordonna à des jeunes du village qu'on le rattrape et qu'on le lui ramène ligoté, ce qui fut fait. Après quoi, Sangu fut conduit à une cabane où l'on rééduquait des fous.

- Pourquoi me l'amenez-vous madame ? demanda le rééducateur.

- Eh bien, je pense qu'il est fou, monsieur.

- Vous savez qu'il est fou ou vous le pensez tout simplement madame ? En quoi consiste sa folie ?

- Il court, court et court et court, je ne sais pourquoi, et sans s'arrêter, monsieur.

- Évidemment, quelqu'un qui court sans raison et sans s'arrêter, ce doit être un cas de folie, c'est sûr. Nous voulons donc bien lui ouvrir notre porte.

La mère, rassurée, descendit par terre le panier qu'elle portait à son dos, y retira des présents qu'elle avait prévus en guise de remerciement et les tendit au rééducateur-maître en disant :

- Heureusement que vous existez, soyez-en loué monsieur !

Un jour, deux jours, trois jours... Sangu mangeait bien, dormait bien, aucun souci à l'esprit. On pourrait dire qu'il se reposait d'avoir beaucoup ou trop couru. Il écoutait et regardait avec étonnement les autres fous qui braillaient. Le matin, lorsqu'on ouvrait les fenêtres, il aimait regarder les pigeons, les hirondelles, les roitelets et les rossignols qui voltigeaient sur les branches des arbres, et même, il imitait leur chant... Cette paix malheureusement fut éphémère.

- Mon cher Sangu, tu n'es pas fou ; retourne chez toi ; je n'ai pas à te garder plus longtemps ici, dit l'homme.

- Vous êtes sûr que je ne suis pas fou, monsieur ?

- Non Sangu, tu n'es pas fou.

- Je veux bien partir ; mais j'espère que je ne

rencontrerai ni poule, ni coq, ni canard sur mon chemin !

- Mais que viennent faire tous ces gallinacés dans cette histoire ?

Le rééducateur-maître des fous qui avait déjà ouvert la porte de la cabane demeura sans parole quand soudain le jeune homme alarmé se rua dehors en hurlant : *Mama ! Mama ! Mama !*

C'est vraiment dommage ! Juste là, au nez de la porte : *cot, cot, coêt, cot, cot, coêt...* les poules, les coqs, les canards et leurs canetons paradaient.

Les jambes à son cou, Sangu se remit à courir et jura de retourner dans le ventre de sa mère pour lui insuffler l'idée d'un autre nom que celui de Sangu, le petit grain de maïs.

Mes amis, écoutez-moi bien :

UN NOM, CE N'EST PAS RIEN QU'UN NOM.

Tours, 1993.

41

JEUNESSE REBELLE

Au village Kimbiangala, les jeunes n'écoutaient plus, n'obéissaient plus. Les anciens avaient perdu leur droit d'aînesse. Quand ils osaient encore ordonner ou conseiller quelque chose, les jeunes leur répondaient avec arrogance :

- Mokili mobaloki ou si vous préférez, les temps ont changé. Pour eux, il n'y avait plus ni anciens, ni chefs, ni pères ni mères. Le doyen Ndongo invita tout le monde à un conseil. Suite à la grande réunion, les esprits neufs décidèrent de quitter le village pour un autre espace à façonner en toute liberté, à l'écart des conseils des aînés.

Comme toute société doit être dirigée, Mobiango, le doyen des contestataires, fut élu chef du nouveau village. On dressa la palissade du palais avec l'écorce du limba, le plus bel arbre de la forêt, et on vêtit Mobiango d'un lourd costume de peau d'éléphant. Le soir de son couronnement, alors que la fête battait son plein, le jeune dirigeant s'affaiblit peu à peu. Il se mit à trembler de tous ses membres, la fièvre l'envahit et on le vit s'écrouler au grand cercle de danse alors que les filles acclamaient sa prestation. Bientôt, plus aucun geste ne l'animait. Que faire ?

se demandèrent les jeunes apeurés. Il n'y avait parmi eux ni féticheur ni guérisseur.

- Pas d'alternative, hurla le cadet du groupe. Il nous faut les anciens, leur savoir, leur expérience. La consultation ne fut pas longue. Quelques minutes suffirent à ce qu'une délégation prenne la route et ramène Ndzombo, le vieillard à la barbe blanche, réputé magicien, guérisseur et sage de Kimbiangala.

- Qu'a-t-il votre roi ? demanda le vieux avec détachement.

- Regardez vous-même, honorable grand-père : il est bouillant, il tremble, il bave, il suffoque ; et que dire de cette sueur ?

- Vous ne la sentez pas, cette chaleur ? Nous sommes au mois de mai, c'est la période la plus chaude de l'année. Déshabillez-le et mettez-le à l'eau. Ce conseil vous suffit. On m'attend au village.

Ne supportant pas de voir plus longtemps leur chef aussi défait, les soi-disant téméraires se précipitèrent à la rivière et plongèrent Mobiango dans les eaux sans lui ôter son costume. De toute évidence, il se noya. Pauvres imbéciles. On espère au moins qu'ils ramèneront la dépouille de Mobiango à Mampembé, le cimetière ancestral, comme le veut la tradition.

Veyrier, 7 décembre 1996.
D'après une histoire Bangangoulou du nord du Congo.

LE VIEUX PAPILLON

Si vous voyez un voyageur
Donnez-lui à boire
Qu'il boive
Et qu'il passe son chemin, tout simplement
Ne lui posez pas mille questions

J'étais un papillon
Je butinais des fleurs
D'un jardin à un autre
Je buvais à la vie
Et attendais au pied des arbres
Le repos d'un philosophe
Qui me dirait pourquoi
Je n'avais pas cultivé
Je baillais et sommeillais
Et surtout je m'endormais
Le vieux papillon

Réveillé, je reprenais
À manger sans souci
Jusqu'à me refatiguer

Au lieu du grand penseur
C'est un rêveur qui passa

Monsieur le poète
Un tout petit regard
Un très léger sourire
Craignant de salir mon être
Il avala sa salive
Pour s'empêcher de tousser
Le vieux papillon
C'est un poète honnête
Qui respecte la vie
Craignant de salir les autres
Il essuya ses bottes
Et passa son chemin
Monsieur le poète
C'est aussi un philosophe
Si vous voyez un voyageur
Donnez-lui à boire
Qu'il boive
Et qu'il passe son chemin, tout simplement
Ne lui posez pas mille questions

Celles sur Ource, Champagne, 1986.

BONHEUR

Mandangui était triste, sans éclat, effacé, c'était difficile de lui dire bonjour quand on le croisait, tellement son visage était sans accueil.

Ngondo le meilleur « malafoutier », entendez par là le meilleur récolteur de vin de palme, lui, était heureux. Sa gaieté n'avait d'égale que sa renommée et toute la contrée accourait vers lui pour s'octroyer la calebasse d'honneur attendue à toutes les fêtes de la région. Sur le chemin de la forêt, les deux hommes se rencontrèrent, Ngondo sifflotant un chant et Mandangui pleurnichant.

- Que puis-je pour te rendre heureux ? demanda Ngondo à Mandangui.

- Mon ventre plein de ton vin par exemple ferait mon bonheur, s'il n'était pas réservé qu'aux puissants... répliqua Mandangui.

Ngondo lui tendit sans hésiter une bouteille de sirop de palme dont se délectent les femmes et les jeunes enfants. Exalté, Mandangui la porta à sa bouche et d'une traite la vida. Déjà, il avait regagné le village et fou de joie, criait à qui voulait l'entendre qu'il était saoul, ivre du vin de Ngondo.

Les paysans sourirent à son agitation et secouant la tête d'un air entendu pensèrent : Bienheureux Mandangui... Seule l'idée t'enivre !

Tours, octobre 1996.

CHANCE OU MALCHANCE, QUI LE SAIT ?
Ngondo

... Messieurs et dames, bonsoir. Enfants, chacun de nous a ses parents ; à chaque famille sa case, sa maison, son village, sa ville ; à chaque peuple sa région, son pays. Et au-delà de toute frontière, nous sommes des voisins, et la cohabitation n'est pas toujours facile...

Oui, les voisins ! Ils sont là, près de nous ; ils nous observent, ils nous entendent, et surtout, ils parlent, parlent et parlent encore. Ils murmurent, chuchotent ; parfois un gros rire éclate, mais ils n'osent nous regarder... il s'agit bien souvent de nous. Nous serions très naïfs de croire qu'ils chantent nos louanges ! À notre tour d'ailleurs, il est rare que nous nous privions de médire des autres.

Il existe pourtant un homme nommé Ngondo dans un village Babémbé à Mouyondzi qui ne chante ni n'écoute les refrains des voisins bien que ces derniers jasent bien fort sur son compte ; ils viennent même le voir pour commenter sa vie à leur guise. Par exemple, ils ne peuvent se taire sur le fait que Monsieur Ngondo est le père d'un garçon tout beau, tout gentil, très intelligent, respectueux et docile ; et qu'il possède aussi un cheval lui rendant de très grands services, dans les champs notamment.

48

- Monsieur Ngondo ! répètent-ils en choeur, quelle chance !

- Chance ou malchance, répond Ngondo, qui le sait ?

Mais notre histoire ne s'arrête pas là. Un jour, le seul cheval que possède Monsieur Ngondo vient à disparaître du village, et comme les voisins aiment à commenter, les voici assemblés autour de lui et qui lui disent l'air affligé :

- Quelle malchance, Ngondo !

- Chance ou malchance, qui le sait ? Réplique Ngondo avec détachement... Et s'efface le deuxième jour de notre histoire.

À l'aube du troisième jour, les paysans sont réveillés par un bruit de cavalerie : kobok, kobok, kobok ! Le cheval disparu est de retour dans le village, accompagné de cinq autres chevaux sauvages.

- Quelle chance ! Quelle chance ! Quelle chance !

- Chance ou malchance, qui le sait ?

Quatrième jour : l'enfant Ngondo, heureux et fier de la fortune qui lui tombe du ciel, grimpe sur l'une des bêtes en vue de la dresser. Malheur ! Le cheval tombe et lui s'effondre avec, et se casse une jambe.

- Quelle malchance, Ngondo !

- Chance ou malchance, qui le sait ? dit Ngondo

imperturbable.

... Au sixième jour de notre histoire :

- Wai hein, waï hein, waï hein !

Déferlement d'un contingent militaire dans le village.

- Le pays est assiégé, dit le plus gradé de la patrouille qui se présente à Monsieur Ngondo, nous avons pour mission de recruter tous les jeunes garçons valides, de dix-huit à vingt-cinq ans, pour assurer la défense de la patrie. Ngondo-fils, votre enfant, Monsieur, est en âge de faire la guerre.

- Fils !

- Papa !

- Viens !

Désignant son fils qui se déplace péniblement :

- Jugez vous-mêmes ; mon fils peut-il aller combattre comme ceci, avec une jambe cassée ?

La visite des militaires est remplacée par celle des voisins stupéfaits qui s'exclament :

- Quelle chance Ngondo, quelle chance !

N'attendez pas que j'invente un septième jour : Dieu se repose. Respectez les couleurs du vent qui passe ; n'accélérez ni ne ralentissez le battement de votre coeur. De votre vie tourbillon, ne commentez rien. Pauvre ou riche, homme ou femme, heureux ou malheureux, vivez !

Paris, XVIIIème.

50

KIBALIKA KIA NKOSSI
La bravoure du lion

Chez les hommes de la terre, les familles avaient leur père, les villages leur chef, et les peuples leur roi.

Grâce à leur organisation sans doute, ils passaient pour les maîtres de l'univers et disposaient de la vie des autres êtres dispersés dans la forêt, la savane, la montagne et les eaux. Pauvres bêtes sauvages ! Elles naissaient, mouraient, chacune dans son coin, sans aucune assistance de la part des autres.

De bon matin, Perroquet le grand bavard surprit un singe en train de voler des bananes dans un champ.

L'homme n'était pas loin. Caché derrière un feuillage, il s'apprêtait à tirer avec son fusil sur le voleur quand, du haut de l'arbre, le polyglotte-oiseau chanta :

Assassin, assassin
Un jour, ce sera ton tour
Un jour, ce sera ton tour

Et dans le langage des singes, il émit un autre refrain :

Fais attention l'ami
Un homme armé te suit
Laisse tomber ces bananes.

L'homme terrifié par la voix de l'inconnu dans l'arbre, jeta le fusil dans le champ et s'enfuit au village.

- Ramasse ce fusil, l'ami. Il pourra t'être utile à un prochain face à face avec l'assassin.

- Qui es-tu, toi qui daignes m'appeler ami ?

- Je suis Perroquet le bavard ; je sais parler toutes les langues de la terre.

- Mais voyons, parle donc à Boa le serpent. Parle à Baleine ; à Éléphant le grand, à Tigre, à Épervier, à Renard. Dis-leur à tous qu'il nous faudrait nous retrouver en un lieu afin de discuter d'une organisation pour notre sauvegarde. Toi et ceux de ton nid servirez d'interprètes pour tout le monde.

Nous devrions élire un roi qui dressera ses principes ; les hommes nous dominent parce qu'ils sont organisés...

Au bout de deux jours, tous les animaux étaient informés. Une clairière au creux de la forêt fut choisie comme lieu de la rencontre. Ils étaient tous là : gorilles, pythons, hippopotames, roitelets, abeilles, pigeons et papillons, crocodiles, moustiques et autres.

Éléphant le sage, qui vint pourtant en retard, se

vit décerné le titre de président de la conférence. Les merles, les oiseaux-gendarmes et les singes furent nommés surveillants de la séance.

Et voici pour commencer le discours du maître :

- Chers amis, je vous remercie de l'honneur que vous me faites de me placer à la présidence de cette cérémonie historique. D'avance, je vous annonce que je ne serai pas le roi de la forêt, je suis vieux et fatigué. Nous choisirons parmi vous un chef digne de ce titre, mais surtout, qu'il le veuille déjà lui-même. Voyons ! Qui de vous aimerait être roi ?

- Moi... moi... moi... Incroyable... Même la fourmi était candidate. Je propose un concours, dit Antilope l'étoile galopante de la savane. La rivière Ndzaou coule à deux heures d'ici ; le premier de nous qui rapportera une calebasse remplie de sa belle eau limpide, celui-là sera nommé roi.

Lièvre le malicieux n'attendit pas qu'on donne le départ. Il disparut de la foule sans que personne ne s'en aperçût.

Comme par hasard, il avait pensé que tous les participants à la cérémonie auraient soif. Aussi, il avait demandé à ses petits de le suivre plus tard avec une calebasse d'eau. Après la proposition de l'antilope, agréée à l'unanimité, il avait cru à la chance du ciel, et s'était empressé d'aller à la rencontre de ses petits. C'est juste une heure après que, le triomphe dans les yeux, il vint présenter le récipient plein d'eau fraîche à Éléphant le maître sage. La gazelle arriva plus tard et, stupéfaite, trouva le maître déjà et désaltéré. Léopard, Buffle, Panthère se contentèrent de saluer l'exploit de Lièvre.

Le lendemain du concours, Maître Éléphant offrit un banquet pour le couronnement du vainqueur et on dut beaucoup rire ce jour-là.

Gorille le cuisinier avait épicé très fortement le saka-saka ou feuilles de manioc aux chenilles.

- Hé, hé, hé, hé !

Concert d'éternuements par tous ceux qui mangeaient, sauf le nouveau roi qui inventa un autre stratagème pour paraître le meilleur.

- C'est tout de même simple... de... man... ger... sans... é... ter... nu... er... cette bonne sauce ! s'efforçat-il de prononcer...

Oh ! Nos pauvres animaux naïfs !

Ébahis par le second exploit du lièvre, ils entonnèrent le refrain de la victoire et sans plus tarder, ils le soulevèrent et le placèrent sur le trône...

Ce règne ne fut pas long.

Un homme armé d'un fusil arriva sur les lieux et avant qu'il ne se choisisse la meilleure cible pouvant constituer la bonne viande des paysans de son village, Perroquet l'observateur informa à haute voix :

- L'assassin, l'assassin, l'assassin !

Grande débandade, sauve qui peut...

Pour sauver sa peau, chacun se fit des jambes et regagna le buisson. Seul Nkossi le lion ne bougea pas. Au contraire, il dressa sa crinière, rugit et se rua sur le chasseur qui lâcha son fusil et succomba sans aucune résistance. Les crocs et les griffes de Nkossi venaient de trancher ; ce verdict était irréfutable.

- C'est lui le roi !

- C'est Nkossi le roi ! Ils sortirent tous un à un de leur cachette.

À cet endroit de la forêt, ils enterrèrent l'homme-agresseur et leur peur avec. Aujourd'hui, on appelle encore la clairière Kibakila kia nkossi :

LA BRAVOURE DU LION.

Paris, mars 1993.

DERNIÈRE HALTE
Le retour ou la peur du voyageur

Un voyageur lassé de trop marcher était presque arrivé au bout de ses peines car, à l'horizon proche, il apercevait déjà la fumée se dégageant des toitures des chaumières du village qu'il avait tant désiré atteindre depuis longtemps ; il revenait sur les lieux de sa naissance, de son enfance.

Mais au lieu de presser les pas, ses jambes s'alourdissaient et l'horizon s'effaçait à son esprit s'assombrissant.

Dans un petit bois, à l'entrée du village, se reposaient tous ceux qui avaient déjà quitté cette terre, et la légende voulait que tout passant y dépose son panier de soucis et de mauvais souvenirs, avant d'entrer neuf et rayonnant dans le village Essengo.

Il avait été fier de partir, heureux de marcher ; il était robuste, résistant, infatigable, même si c'était long. L'imagination seule était son guide, et il s'y accrochait, déterminé... Aujourd'hui fatigué, il rentrait, le baluchon vide tel un chasseur maudit. Il pensait qu'il serait le sujet des railleries des paysans... Qu'allait-il dire de tous ses vieux rêves ?

La peur des autres, la honte et la peur de l'échec, la peur de la réalité, la peur d'être un homme parmi les hommes, la peur des jours et des nuits, la peur de l'espace habité, la peur de l'habitude... Mandangui ne voulait plus que s'achève le voyage.

On rapporte pourtant que son grand-père venu de très loin jadis, trouva son bonheur et assura celui des siens en contant tout simplement les exploits de son passé. Une chaise longue dressée à la place familiale fit pour lui office de bureau jusqu'au jour de son dernier soupir.

Mais peut-être que Mandangui n'avait rien à raconter...

Vous qui prenez de l'âge, courage !

Tours, 20 septembre 1996.

L'ÉCHO JOVIAL
DES PLEUREUSES

Ntsiessé le grand chasseur et orateur du village est revenu de la forêt les yeux clos, transporté sur un hamac par quatre de ses frères tenant chacun un bout des deux bois sur lesquels était fixée la natte où était étendu le brave homme. Excepté le rythme des pas sur le sol dur et argileux, personne ne disait rien devant le drame qui venait déchirer bien des coeurs. *Pâ, mpâka, pâ, mpâka* !

Le petit cortège venait d'arriver à la hauteur de la case de Bouanga, la plus jeune des quatre épouses du chasseur. À la vue du corps inerte de son homme, Bouanga poussa un horrible cri et le relança à trois reprises avant que de s'écrouler en sanglots par terre. Tout le village avait entendu le message et les minutes qui suivirent enregistrèrent la visite de tous les hommes et femmes du hameau qui, un à un, les bras derrière le dos, venaient en silence faire l'accablant constat : Ntsiessé était mort. Des pleurs désordonnés montèrent progressivement dans le village jusqu'au soir, où la petite société s'organisa. Les hommes avaient cherché du bois sec dans les vergers derrière les cases et ils allumèrent un grand feu d'où ils tiraient des tisons pour brûler la poudre de chasse étalée sur un filet de tôle qui reliait dix fusils. On entendait une détonation toutes les cinq minutes, à des dizaines de kilomètres. Ainsi étaient informées toutes les bourgades, proches et lointaines.

Les femmes avaient toutes enlevé leurs camisoles et parures, défait leur coiffure. Trois jours furent décrétés pour relater à tous les visiteurs les exploits du brave disparu avant sa descente sous terre ; et depuis les temps anciens les plus reculés, les femmes, seules, étaient habilitées à conter les larmes aux yeux, à pleurer et à faire pleurer en riant, à rire et à faire rire en pleurant ; à penser et à faire repenser ; à repeindre le passé en dansant, chantant, applaudissant ; à amener le village à enterrer en toute liesse...

Il fallait les voir, nos mères : le pagne aux reins fortement noué, le torse nu, les cheveux au vent ; elles rythmaient de leur gorge : «Hum, hum, hum, hum !» Elles battaient de leurs pieds : «Ta ta ta ta ta ta ta !» Les bras se balançaient. Leurs longues mamelles secouées remontaient et retombaient, frappant en harmonie la poitrine ruisselante de sueur mélangée aux larmes.

Et les reins, et les fesses, et les mains, et le torse, et le cou, et la tête... les veuves entraient en transes et les clameurs montaient :

Moulour moulour moulouri
Bangangé eh, hobé !

De leur communication avec l'au-delà, elles transmettaient les volontés dernières de Ntsiessé.

Je suis encore avec vous
Je peux encore vous parler
Je suis encore avec vous
Je peux même vous sourire
Ne pleurez pas sur ma mort
Je voudrais vous voir danser
Parmi vous je suis, et je serai toujours
Mboungou, mon fils aîné
N'est que moi-même en survie
Dans leur ventre à ce jour
Quatre épouses me portent
Mon nom sera le nom
Des quatre nouveau-nés
Ma vie sera leur vie
Ils me continueront

Ces paroles sensées être celles de l'homme mort étaient prononcées avec un rythme saccadé et l'actrice messagère était toute essoufflée. On eût cru que dans cet autre monde les êtres n'avaient pas droit à la parole, que c'était un calvaire que d'y avoir accès.

Le village fut animé par cette drôle d'ambiance six jours durant. Mis dans sa tombe, Ntsiessé gagna sans doute son repos éternel. Les veuves durent continuer à pleurer une bonne séance de deux à trois heures le matin au lever et le soir au coucher du soleil pendant six mois, le visage couvert comme l'exigeait la coutume, pour ne point voir d'autres hommes. Pour les paysans, Ntsiessé n'était plus des leurs.

Paris XIème, juillet 1987.

LE RAT ZÉBRÉ ET L'HOMME

Si tu n'occupes pas une femme
Elle s'occupera
Mais prie alors
Que les rats ne l'abritent...
On s'habitue au froid
On s'habitue au chaud
Il arrive même qu'on danse
Sur un champ de bataille

Ce refrain est la conclusion d'un conte que voici :

Du temps où certains hommes étaient encore très aimables envers toutes les créatures de la terre, Mpumputu le cochon d'Inde et Mbende le rat zébré subissaient le même sort dans les champs brûlés pendant la saison sèche lorsqu'on allumait des feux de brousse. Réputés fainéants et même ignorants parce qu'ils ne pouvaient s'abriter dans un terrier, ne sachant pas le creuser, ils erraient çà et là au grand risque d'être arrachés par une flamme ou écrasés par le bâton d'un chasseur avide de petites bêtes sauvages. Ndundu l'homme bon pensa à eux et les recueillit dans sa demeure. Et comme deux épouses sous le toit d'un même mari, Mpumputu et Mbende se disputaient chaque jour, à toutes les heures. L'apprivoiseur voulut trouver une solution pour rendre la cohabitation agréable ; Mbende le rat zébré se proposa de s'en aller.

- Où donc penses-tu t'installer ? Interrogea l'homme.

- Là où bon me semble. J'ai existé et j'ai vécu avant que tu ne nous rencontres ! répondit Mbendé avec un ton de suffisance. Ndundu crut mieux faire de lui donner la clé de sa liberté ; il lui dit :

- Cela m'arrange bien de ne plus avoir qu'un seul à m'occuper au lieu de deux ; tu n'as qu'à partir. Ainsi, je n'aurai plus cet embarras du choix qui tenaille mes entrailles et tourmente ma conscience. Il le prit dans sa main et le jeta dehors en criant :

- Je sais que tu me reviendras.

Mbende s'en alla et ne revint jamais jusqu'à ce jour. Il est arrivé plusieurs fois que Ndundu l'homme bon et Mbende se retrouvent, au marché par exemple.

- As-tu trouvé un gîte ? demande alors l'homme à la petite bête qui répond :

- Cela m'importe peu ; je suis dans le plein champ ; lorsque toi ou un autre de ton espèce allume la forêt, je m'abrite à l'entrée du premier terrier que je rencontre quel que soit l'occupant ; je fais le gardien et je ne cherche pas à savoir ce qui se passe à l'intérieur ; je suis simplement à l'abri des feux...

- Tu peux revenir chez nous si tu veux, on s'arrangera, ajoute l'homme.

- Ah non ! on s'était déjà arrangés. Dorénavant, dit Mbende avec beaucoup d'assurance, tu prendras tes jambes, tu courras après moi pour m'avoir. Vous êtes tous les mêmes : des chasseurs, et je vous plains.

Paris 11ème, 19 novembre 1996.

LA PEUR DE LA MORT

Le prince Mounoua Moussoua était un homme comblé. Vous me diriez peut-être que tous les Grands de ce monde sont heureux, et moi je vous répondrais : vous les apercevez lors de leurs différentes parades et vous les croyez vivre heureux ; la réalité est toute autre...

Ce sont eux tout de même qui déclenchent les guerres, se sentant en insécurité ; ce sont eux qui nous menacent de prison quand nous rejetons leurs lois ; les rois désirent, décident et ordonnent, mais n'acceptent pas d'être des simples sujets impuissants face à un quelconque danger, face à une force ou un pouvoir autre que le leur.

La mort par exemple : vous savez très bien que personne ne pourrait lui résister. Jusqu'à cinquante-cinq ans, le Prince Mounoua Moussoua crut qu'il était capable de la vaincre ; son histoire n'est pas longue, la voici :

Un jour, un des messagers du palais lui rapporta qu'un nommé *Missakala* ou Délégué de la mort attendait aux portes du sud d'être reçu par Son Altesse.

Le roi, pris de panique, fit venir son coursier le plus rapide, l'enfourcha et gagna au galop la porte du nord en jurant de ne pas être rattrapé par l'étranger fatidique. Affolé, tremblant de peur, le monarque perdit le contrôle du cheval qui bascula au fond de la falaise avec son équipier. Mounoua Moussoua, blessé à mort, put entendre le message que voici, du délégué Missakala parvenu en haut de la falaise :

- Sire, je suis Missakala le délégué de la mort. Vous êtes allé très tôt ce matin et j'ai dû vous suivre jusqu'ici pour vous livrer le message dont j'étais porteur : avant votre dernier soupir, sachez pour vous et vos descendants que la peur de la mort ne fait pas mourir la mort.

Veyrier, novembre 1996.

LUMUÈGNÈ
Le Caméléon

- *Na pipipihiii...* ! Veuillez donc répondre *na popopohooo...* lorsqu'un conteur Bakongo vous le demande. Dites-le en rabattant le cercle de l'oreille sur son creux. Vous recueillez le message que vous envoyez au fond de vous-même ; après quoi, il résonnera en écho en vos nerfs, et vous serez transformé ; et plus que jamais, vous serez un avec le message. *Na pipipihiii...*

- *Na popopohooo...*

Au village de Kintouari, en pleine zone équatoriale, le soleil pointait au firmament tous les jours de l'année ; ce n'était pas le cas de la lune : la mère des nuits heureuses. Ce soir-là par exemple, elle était absente. Pourtant les jeunes gens voulaient écouter le vieux Ndzombo, sage conteur du clan. Aussi décidèrent-ils d'allumer un grand feu sur la place publique, pour déchirer les ténèbres. L'honorable vieillard tardant à venir, se vit être arraché de sa chaumière et être porté sur un hamac. Exceptionnellement, les jeunes venaient de créer une chanson en l'honneur de l'ancien et pour annoncer à celui-ci le récit qu'eux désiraient entendre, ils battaient des mains, rythmaient des pieds et chantaient :

Eh ya Lumwègnè, Lumwègnè
Ya Lumwègnè
Muéndu buke buke
Vive Lumwègnè le caméléon
Vive l'être qui ne se presse pas.

- Dites-nous tout sur le caméléon, cria une jeune fille depuis le devant de sa case où elle était accroupie, écoutant et observant de loin car l'accès à la place publique est interdit aux jeunes filles... Pourquoi il marche tout doucement ? interrogea une autre fille... Pourquoi arrête-t-il de changer de couleur à la fin du jour ? renchérit un garçon.

Alors, l'héritier des mânes ausculta le ciel un moment ; quelques instants après avoir refermé ses yeux, il les ouvrit droit dans ceux des jeunes. Et, le bras tendu, la main ouverte, les doigts légèrement pliés, il souffla un bon coup et le verbe sacré tant attendu sortit :

- *Na pipipihiii !*
- *Na popopohooo* ! Silence...

Il errait sur des ronces, notre caméléon
Le jour, le soleil, le vent chaud, la poussière
Il en était persécuté
Il se couvrait alors des feuilles vertes

Du gris des bois morts
Du rose des pétales
Il ne se précipitait point
Pour trouver meilleur abri
Il prenait tout son temps
Malgré la danse du temps

Le soir est arrivé
L'astre du jour est tombé
Le ciel n'a plus pleuré
Noir sur terre
Oui, noir sur terre

Et dans le silence des ombres
Notre bel animal a jeté toutes ses robes

- Il a jeté toutes ses robes ! répète un enfant avec la ponctuation du vieillard ; et pourquoi a-t-il jeté toutes ses robes ?

- Dites-le moi justement, vous ; reprit le sage, pourquoi la nuit arrivée, le caméléon ne change-t-il plus de couleurs ? Après quelques réponses plus ou moins justes de l'assistance, l'homme, souriant aux enfants, dit :

- C'est bien parce que le caméléon est un fou ; le plus grand fou du royaume des vivants... Mais même à lui, le plus fou des fous, les ancêtres ont laissé dire : « *Mpissi kiwulu ki dzuna !* »

Ce qui veut dire : À chaque folie, un temps d'arrêt...

Ainsi, vous comme moi, nous aurons été des bons caméléons le long de la journée ; nous nous serons tant secoués pour telle et telle activité, n'est-ce pas braves fils du clan ? Le soir est tombé, la nuit, c'est notre temps de repos.

Ivry sur Seine, juillet 1984.

... ET LA GRAINE GERMERA...

J'ai voulu partir et demeurer présent
N'est-ce pas là le rêve ?
Laissez-moi dormir et que je veille toujours...

Premier chant

LE SOIR

Dê lubassa nki di
Me ndi madessu
Ndê lubassa
Nki di
Me ndi mussosso
Dê lubassa
Kuri wê
Mê niè Muyontsi

Asseyons-nous hors des cases
Dans la vaste cour du village
Saluons les dernières heures du soleil
Avant que la lune ne ramène la fraîcheur

Il faut chanter cette fumée qui monte

Au dessus des toits
Elles sont rentrées, les mères, des champs
Mais sont encore à l'ouvrage
Les voilà s'adonnant à la cuisson du manioc
Pendant que les filles, nos soeurs
Pilent et repilent le bon saka-saka
Hé, ho, hobé, hé, ho, hobé, hé, hobé,
Il n'est plus qu'un écho
Le chant viril des pères
Dans la forêt des mânes
Laboureurs, forgerons
Bons artisans le jour
Les voici instructeurs
Près des marmots, le soir
Mpokua ba mama, mpokua ba tata
Lisolo
Nyê
Lisano na lisanga ya mpokua
Na sima ya ko lya
Na sima ya ma téy'
Mbunda, ma bina, bisengo
Lisolo
Nyê
Mbéngélé, Nkaya, Mboungou
Et vous aussi *Nkombo, Niangou*
Courez donc chez *Nsimba*
Bouanga, Makaya, Nkengé
L'orphelin n'a pas mangé

Les voilà qui reviennent
Des différentes chaumières
Des quatre épouses du chef Ngondo
Mafé à la civette cuit par Mama Ntsimba
Bouillon de moussosso au poisson fumé
Oeuvre de Tantine Bouanga
Makayabou de capitaine à la sauce de palme
Signé Mama Nkengé
Mpakassa corrompu
Aux champignons de la plaine
Ne s'annonce-t-elle pas belle, la danse
Après que les enfants ont savouré
Les diverses sauces des mères
Que le tam-tam vrombisse
Car la lune est au rendez-vous
Jeunes et radieuses filles
Rabattez vos oreilles
Sur nos vieilles radoteuses
Et avancez, gracieuses
Au cercle de la danse
Tam-tam, tam-tam, tam-tam
Que nos nerfs se détendent
Brûle notre sang
Léger, notre corps
C'est parti
Pour l'oubli du dur labeur
Avant l'abandon certain
Sur nos nattes chaleureuses

Deuxième chant

NUIT NOIRE

Butsuku, mampimbissi, bambouetete

Nuit noire
Pour que chantent et dansent
Cafards et moustiques

Nuit noire
Au-dessus de la bouche ouverte du vieillard
Qui ronfle des heures entières

Nuit noire
Pour que monte et monte encore
Le concert-ballet des crapauds
Dans les coins humides des cases

Nuit noire pour les vampires
Dans les manguiers en fleurs
Houlou, houlou, houlou
Le cri lugubre des hiboux
Qu'imitent les chasseurs nocturnes
Sorciers-jeteurs-de-mauvais-sorts

Makoundou,makoundou, makoundou

Nuit noire
Pour donner libre cours
Aux déterreurs-chercheurs-de-trésors
De sillonner dans les cimetières
Nuit noire
Ombre silencieuse
Des mystères du ciel sur la terre

Nuit noire
Que se lève le souffle de l'univers
Qui regonfle de vie nos corps en repos

Na pipipihiii
Na popopohooo

Troisième chant

AU REPOS

Qu'avez-vous dit : Repos
Sommeil
Silence
Non, il n'y a jamais de silence nulle part
On ne peut taire les sons du globe
Jamais musique ne s'arrête
C'est le veilleur de la vie
Regarde donc, l'ami, autour de toi
Si tu ne vois pas , tu sens
Si tu ne sens pas, écoute
Dis-moi, qu'entends-tu
Des feuilles de manguiers tombent
Et le vent les traîne au sol
Écoute ces grenouilles
Dans les mares endormies
Quelquefois aussi
Un grondement lointain de tonnerre
Des bêlements dispersés
Des moutons affolés
Par l'approche de l'orage
Des aboiements de chiens
Des bonds bien sonores
De cabris en dispute

Pour une chèvre en chaleur
Souviens-toi aussi
Du couinement léger de la femelle truie
Aux instants agréables
De fusion avec le mâle
Est-ce là le repos
Ici, plus près de moi
Plusieurs moteurs ronflent
Tantôt un moustique
À mes oreilles chargées
Tantôt un cafard qui récure les marmites
Tantôt un crapaud sur une flaque d'eau
Et ce cri du bébé qui arrête les ébats
De père et mère joyeux

On peut alors redire
Qu'il n'y a pas de silence
Dans un monde qui vit
La musique est le souffle
Et le veilleur du globe

LE CAUCHEMAR

Vents, nuages, feuillages
Qu'il est long ce voyage

Vieux fouineur de mirages
Somnambule sur un siècle
Le grand-père est malade
D'avoir escaladé soixante-quinze côtes
À la quête d'une plaine
Pour y planter sa graine
Et d'y être descendu
Le ventre affamé
Soixante-quinze saisons
Malade et non lassé
Une graine dans ses mains
Il veut encore semer
Il sèmera sa graine
Pour avoir d'autres graines

Les greniers sont remplis
Les champs en sont nourris
Mais Grand-père plantera sa dernière graine
Quels que soient ses malheurs
Que voulez-vous qu'il fasse
Planter pour survivre

C'est la leçon des pères de nos ancêtres...
Planter, récolter, replanter
Ne jamais s'en lasser
Halluciné, passionné, dévoué aussi
Voilà peut-être pourquoi aujourd'hui
Il a confondu le jour avec la nuit
Le chant du coq attendu a déjà retenti
Lève-toi Grand Ndzombo
Ô père de mes pères
Faites que mes yeux s'ouvrent à la lumière
Que je voie le jour et que je vive
- Bandéla, est-ce doré sur les hauteurs
Le grand feu du ciel, a-t-il effacé les lucioles
La brume, a-t-elle avalé les ténèbres
- Oui, il est déjà là-haut le soleil
- Et la rosée, est-elle sèche sur les sentiers
- Oui, le chasseur nocturne
En rentrant l'a bue
De ses pieds et ses bras
- Sent-on la terre respirer
- Oui, toutes les portes scintillent
Les feux du matin brûlent
Dans nos foyers grouillants
- L'hymne de la perdrix des champs
le coq en a-t-il pris la relève
Le griot, dans le village
A-t-il sonné le réveil général
- Oui, trois fois il a chanté

Tout le village est debout
Le panier au dos
Machette à la main
Répondant en choeur

Bêlements, caquetages
Grognements, aboiements
Et autres cris habituels
Des zélés et quadrupèdes familiers
Ont brisé le calme
Et la fraîcheur de la nuit qui finit
Et toi Bandéla
Tu n'iras pas aux champs
Neuf mois de sève humaine dans le ventre
Tu attends le grand jour
Prends le sentier Ndzombo
Digne fils de tes pères
Va, va planter
Jusqu'au dernier effort
Tes pères avaient planté
Tes mères avaient planté
Tu auras planté jadis
Graine, tu naîs
Graine, tu pousses
Graine que l'on jette
Graine qui tombe
Graine qui remonte
Qui retombe et s'endort

Tu repousseras, graine
Car tu vivras toujours

Elle a de la chance, cette graine
Il a plu cette nuit
Et les rigoles dans les champs
N'ont pas encore tari
Les alluvions s'amoncellent
Un soleil dans le ciel pour purifier l'humus
Elle a de la chance, cette graine
Pour sûr, elle germera
Et comme pour la saluer
Dans le ciel
Voici un grand concert-ballet
Bravo les hirondelles
Bravo vous les perdrix
Petits moineaux et pigeons
Aigles et rossignols
Merles et coucous
Oh les belles couleurs
Oh la belle harmonie
Jamais vu de tels gazouillements
Le ciel est en liesse

Dzandu dia ngoh ku yoto betu ba kuma
Dzandu dia ngoh wu baka diri e
Dzandu dia ngoh munguala ngampinu e
Dzandu dia ngoh wu baka diri e
Dzandu dia ngo wu baka kangikila

Si le ciel fait la fête
Il faut associer la terre
Qui me prête une parure
Je voudrais m'envoler
Chanter dans les nuages
Avec les roitelets
Qui me donne ses grelots
Je sens mes pieds qui tremblent
De vouloir décoller
Je vais là-haut chanter
Je vais là-haut danser
Je vais là-haut planer

Au son du balafon je voudrais sautiller
Comme le grillon des champs
Sautiller et glisser
Glisser et voltiger
Comme le criquet d'octobre
Courir sur les sentiers
Et nager dans le fleuve
Il faut changer de moeurs
J'irai crier là-haut
Qu'on me prête des ailes
Celles d'un martin-pêcheur
Ou celles d'un grand vautour
Celles des oiseaux-gendarmes
La fête est dans les airs
Je vais me faire léger

Pour apporter ma part
À ce banquet céleste
De la foire des ailés

Pêlé Pêlé Nyek'kwè pêlké
Pêlé Pêlé Nyek'kwè pêlké
Bu pélk'ha lu be bendu

Il faut sans doute prier
Que l'épervier descende
Qu'à ses ailes je m'accroche
Et qu'ensuite nous volions

C'est vrai qu'il faut prier
Mais j'ignore les formules
Dont il faut user
Pour installer ce dialogue
Retournons au village
Munissons-nous d'un pagne
Fabriquons-nous des ailes
Il faut se faire oiseau
Si l'on veut de la fête
C'est jouer que je veux
Chanter, danser, planer
Bondir et sautiller
Descendre et remonter
Piquer contre le vent
Le maîtriser sur place

Mes pieds fortement joints
Et mes bras longs, tendus
Je veux être joueur
Et non spectateur
Essayons donc sur place
D'imiter cette danse
Au cou
À la tête
Aux mains
Aux bras
Aux reins
Aux jambes
Aux pieds
À la terre et au ciel, l'agréable spectacle
Que fait-elle dans mes mains
Cette adorable graine ?

À la fête, tous les êtres
C'est le ciel qui le veut
Aimons-la notre graine
Faut bien qu'elle participe
À la détente du ciel
Elle au moins peut voler
Grâce à notre énergie
Elle volera, la graine
Et je danserai par elle
Avant qu'elle ne retombe
Revenue dans mes mains

Elle pourra repartir
Danser pour mes aïeux
Et pour tout le village
Ainsi nous serons gais
Pour avoir nous aussi
Tourné l'histoire du jour
Aimons-la notre graine
Prenons bien notre élan
Et allongeons le bras
Ouvrons bien notre main
Et lâchons la semence
Le regard dans les airs
Va graine, va de ma main
Participe à la danse
Participe à la joie
Participe à la gloire
Et ramène-nous l'écho

Pêlé Pêlé Nyek'kwè pêlké
Pêlé Pêlé Nyek'kwè pêlké
Bu pélk'ha lu be bendu

Eh oui
Tout est accéléré
Le rythme a bien changé
La graine s'est adaptée
Elle devient endiablée
Cette danse des ailés

La ravissante graine
S'est donc mise en scène
On n'attendait plus qu'elle
Pour que l'image soit belle
Attention, ils se croisent
J'espère bien qu'ils le savent
Coups de bec, coups de griffes
Et voilà que ça pisse

Arrêtez, c'est barbare
Et aussi très honteux
Que cette comédie passe
Vous jouez dans du feu
Ou alors c'est simple
Rendez-moi ma chère graine
Qu'est-ce qu'elle fait dans cette chaîne
Coups de bec, coups de griffes
Les ailes se déploient
Les ailes se fusent
Les ailes se déplument
Et des cris, et des cris
De plus en plus aigus
Poursuite, chasse, fuite
Dispute allumée
Par notre chère graine
Les plus braves vers Grand-père
Réclament d'autres graines
Arrêtez, vous dis-je

Mauvaise plaisanterie
Et que vois-je là-bas
Dites-moi qu'est-ce qui tombe
Des cadavres d'oiseaux
Déchiquetés, inertes, ensanglantés, sans vie
Et dans le ciel ça crie
Envoie-nous d'autres graines
Sympathique vieillard
Autant que tu pourras
Nous attendons ton offre

Ndzombo fils des sages
Où as-tu mis ton âge
De l'histoire des peuples
Qui tournait à tes yeux
Tu n'as lu que mirages
Sur le sillage des dieux
Le dieu du vent est-il là
Maudit soit-il mille fois
Il aura inventé
Un ciel plein de vampires
Il aura inventé
La terre, le vaste empire
Des cadavres vivants

Barbe et cheveux blancs
Une canne pour marcher

Brave homme des jours passés
On te dit aussi sage, vieillard Grand-père
Que n'auras-tu compris
L'appétit général de l'espèce vivante
Au renard les poulets
Au python les renards
Au vautour les pythons
Et les rapaces entre eux
Vautours et charognards
À volonté s'entremangent
Mais rien n'est jamais fini
Car à tous les banquets
On jette les os aux chiens
Les miettes au poulailler
Et la vie continue

Pensez donc aux belles fleurs
Qui poussent sur l'humus des tertres funéraires
Rien n'est jamais fini
Les corps vieillis s'effacent
Les corps nouveaux s'annoncent
Et la vie continue

Cinquième chant

LE MATIN

À mort, ces moustiques qui nous piquent
À mort, ces cafards qui nous mangent
À mort, ces puces qui nous sucent
Et ces crapauds qui pissent
Allumez donc le feu
J'en ai marre des ténèbres
Ouvrez-moi cette porte
Que la lumière vienne

Encore un cauchemar
Ça pour un cauchemar, j'ai vraiment voyagé
Et j'en suis épuisé
À présent, me lever est impossible
Aussi l'air se fait rare
Dans mes pauvres poumons
Viens à moi Mandela
Je te lègue ma graine
Mets-la dans le berceau
De l'enfant qui va naître
Viens ma chère fille

Je suis à toi Grand-père
Mais je me sens si faible

Et tous mes membres tremblent
Je voudrais appeler les nôtres au secours
Mais ma voix est sans cri
Je crois qu'ici je tombe
À moi, Grand-père, à moi
Je sens qu'il va venir
À moi petite-fille, à moi
À moi ma chère enfant
Je sens que je m'en vais

À moi, Grand-père, à moi
À moi petite-fille, à moi

Et la lumière s'éteint
Et la lumière renaît

Sixième chant

LA FÊTE

Grondements de tonnerre
Des gouttes d'eau tombent
Qu'on batte le tam-tam
Pour annoncer la fête

Tam-tam, tam-tam, tam-tam
Tam-tam, tam-tam, tam-tam

Pour la fin d'un voyage
Couleur des souvenirs
Les mirages s'éclipsent
Saluez donc l'orage
Pour l'extinction des feux
Aujourd'hui c'est la fête
Le vieillard est tombé
Mais tam-tam sur nos terres
Il tombe beaucoup d'eau
Nos jardins vont sourire
Qu'on enterre, qu'on enterre
Sous des larmes dans nos rires
Qu'on enterre, qu'on enterre
Pour nos mères dans la joie
Elles allaitent à nouveau

Qu'on déterre les ignames
Le bouillon sera cuit
Nous dégusterons tous
Et nous roterons tous
À gorge déployée
Avant de faire silence
Pour le salut final
Au vieillard qui finit
Et le bonjour jovial
À l'enfant qui commence
Tam-tam
Tam-tam, pleurs et rires
Tam-tam et silence
De nouveau notre graine est dans la gibecière
À l'horizon le soleil
Et la brume s'efface
Que renaisse le souffle

LA GRAINE GERMERA

Paris XIème, février 1986.
Ecrit à la demande de Claudine Coletta, pour le Festival du jeune théâtre de la ville de Paris, ce conte a été joué à Drancy et à Bobigny en Avril 1986.

MAM... LA PUNITION
Vivre... et bien vivre

- Jure-moi que tu ne referas plus jamais cette bêtise ! Baisse ta culotte, traîne ton derrière par terre jusqu'à la porte. Si tu n'es pas humble aujourd'hui, demain, tu ne le seras pas et tu ne supporteras aucune difficulté de la vie !

C'est ainsi que vociférait ma mère, toutes les fois que j'achevais la punition qu'elle m'avait infligée. J'exécutais sans la moindre contestation, et les années passaient, je grandissais : obéissant, discipliné et idolâtre de cette femme à l'autorité légendaire.

Plus tard, ou aujourd'hui plus précisément, ma compagne me gronde après que j'ai fait quelque chose qui l'outrage. Je m'empresse de lui demander mille excuses, même sans croire à l'erreur commise. Il faut penser que ma femme n'est que la continuité de ma mère ; je l'aime comme cela...

Quel cauchemar !

Heureusement que le vieux Ndzombo intervient en ma conscience. Qu'a-t-il à me raconter aujourd'hui ?

Mboua mabé était le beau chien bien-aimé de Kinowa. Son maître en voyage l'avait laissé dans sa niche avec quelques provisions. Mais comme il ne revint pas au bout d'une semaine, pour des raisons d'ailleurs inconnues, Mboua mabé brisa ses chaînes et abandonna la niche.

Le voilà dans une parcelle voisine. Tout était désert. Il avait soif. À l'entrée de la demeure, il se précipita sur un récipient plein d'eau et se désaltéra, lui qui n'avait pu le faire depuis le départ de son maître.

Ntsonga le propriétaire arriva sur les lieux et, sans chercher d'explication, conduisit l'animal voleur d'eau à la fourrière.

Pendant trente jours, Ndinga le redresseur de l'institut n'eut pas beaucoup de mal à redonner de la bonne conduite à Mboua mabé. Aussi, il alla dire à qui voulait l'entendre qu'il venait de faire de Mboua mabé le chien modèle de sa race.

- Dorénavant, tu vivras ici à mes côtés, tu es mon collaborateur, lui dit-il, mon chien-mannequin ; celui-là qui voudra te sortir d'ici devra dépenser une fortune. Je vais d'ailleurs t'affranchir : tu entreras, sortiras, iras où tu voudras, feras tout à ta guise. Mais avant tout je vais tester ta fidélité à la bonne conduite et ton endurance. Je te prive de boire et de manger quoi que ce soit pendant cinq jours .

Aussitôt dit, aussitôt fait : Ndinga le redresseur

remit les chaînes à tous les chiens de l'établissement, déposa devant chaque niche une provision suffisante de vivres, à l'exception de celle de Mboua mabé qui resta vide, sans nourriture aucune, ni une goutte d'eau. Notre chien modèle se mit à réclamer son dû en aboyant au nez du maître tortionnaire. Celui-ci ne voulut rien entendre des supplications de l'animal.

- Bon courage ! lui dit-il, très sèchement. Je pars en voyage, et je te fais confiance.

L'homme ferma la porte de l'institut et s'en alla. Après deux jours seulement de supplice, Mboua mabé rompit les liens, brisa la porte de sortie et se retrouva dehors. Il passa au-dessus de la barrière de la première habitation voisine et se rua sur une cuvette d'eau qui traînait dans la cour. Une femme ouvrit la porte de la maison et découvrit le magnifique chien affamé qui se gavait d'eau. Elle sortit les restes du dîner et les présenta au chien qui mangea à satiété. Mboua mabé se mit à s'émoustiller auprès de la bonne dame qui reconnut la sympathie de cet être et manifesta une envie forte de le garder avec elle.

Changement de situation. Malgré les promesses alléchantes du redresseur de l'institut-chiens-fourrière, Mboua mabé préféra vivre soumis dans la dignité.

Après avoir écouté le vieux Ndzombo, je reviens à ma mère dans la mémoire, avec l'envie de lui dire :

- Les punitions, c'est bien Maman pour m'apprendre à vivre, mais je préfère tes câlins et ta bonne soupe qui me font bien vivre.

Veyrier / Genève, 8 décembre, 1996.

KIYENGI
Ballade pour une Martiniquaise

La ballade pour la martiniquaise
N'est pas une histoire banale d'amour
C'est l'éloge de tout un peuple
Un pont sur l'histoire
Ou l'histoire d'un pont
C'est la peinture d'un vieux pont
Rajeuni le long des âges
La mer, dit-on par chez moi
C'est l'aller et le retour
L'aller et le retour
Nous y reviendrons bientôt

La girouette
De la petite mouette
Qui bouscule ma tête
Je jurerai au nom de l'ancêtre
Qu'elle est petite-fille de mon royaume
Partisane de la fête
Je lui donnerai sa couronne
Abandonnée par son arrière-grand-mère
Qui fut aussi la mienne
Sur le bord de la rivière
L'ancienne plage des larmes

Les larmes du passé
Sur un bateau cassé
La mère a été violée
Sur du sable sali
C'est un peuple trahi
Et l'univers est souillé
Oui l'univers est souillé
Ntsakila kiyengi e yaya
Ntsakila kiyengi e yaya

Mil' huit cent quarante-huit
Cette année-là
Vous dirait-elle quelque chose
Messieurs et Dames

L'histoire rapporte
Que c'est l'abolition officielle de l'esclavage
Et mon regard à moi
Ma langue, mon pinceau
Mes doigts et ma plume
Peindront l'histoire d'un abandon

Pensez donc, vous aussi
À ces centaines de milliers de captifs
Arrachés à l'intérieur des terres africaines
Et livrés à eux-mêmes
Sur les plages sèches du continent
L'esclavage étant aboli

Dorénavant sans père, sans mère
Sans frère, sans famille donc
Mais sans maître aussi
Puisque les négriers viennent
D'abandonner l'ignoble trafic

Mesurez la densité
Du drame de ces captifs
Mais il existe des génies
À chaque époque
À chaque peuple
À chaque coin habité du globe

Parlons donc de Diamant
Monsieur Diamant
Colonisateur français
Gouverneur de la Bouenza
Région du Kouilou-Niari
Territoire du Moyen-Congo

Dans les années mille huit cent quatre-vingt-huit
Pierre Savorgnan de Brazza
Avait déjà planté sa cabane
En plein centre de la forêt équatoriale
Et il baragouinait le kifourou
Le kimiéné, le kitéké
C'est à ce moment-là
Que fidèle à son maître humaniste Brazza
Diamant décide l'opération

Regroupement des villages
Dans tout le Moyen Congo
Regroupement des villages
Par tête de clan, tête de mère, tête de famille
Et pour ces centaines de milliers de sans-famille
Monsieur Diamant décide
La construction des villages
Auxquels il donne l'appellation de Kintouari
Rassemblement, regroupement, entente, unité
Ces villages ont la même histoire
Vous connaissez mon nom
Massala
Traduisons par : tout ce qui est resté
Je suis originaire de l'un de ces villages
Kintouari
Et dans mon village
On aime à rapporter
Des belles histoires de romances perdues
Comme celle-ci

On dit dans mon village
La mer les avait avalés
Mais la mer les recrachera un jour
Aussi, on dit
Que toute fille née première enfant
De chaque famille
C'est la naissance d'un nouveau clan
On demande qu'elle porte le nom Kiyengi

Qui veut dire : Réconciliation
Kiyengi
Entente
Kiyengi
La paix

C'est peut-être au nom de cette histoire
Que moi, *Massala*
Fils et petit-fils du Loango dans le Moyen-Congo
Originaire de Kintouari
Je me retrouve en mille neuf cent quatre-vingt -
trois
À Paris
Paris, carrefour des peuples
Pont de l'histoire
L'arbre du brassage
Oui, je me retrouve face à face
Tête à tête
Nerf à nerf
Face à une jeune fille noire
Et qui se dit venant de la Martinique
Mais curieusement, Messieurs et Dames
Elle a la tête de ma mère
Les yeux de mon père
Les cheveux de ma soeur
Et sa peau, la mienne
Alors, je me dis
Tiens, tiens, tiens

La mer avait raison
Elle est l'aller et le retour
Elle recrache un jour
Ce qu'elle aura avalé
L'aller et le retour, Mesdames
L'aller et le retour, Messieurs
Toi, jeune fille, au nom de ton peuple
Au nom de mon peuple
Notre peuple
Valérie Rozet
Je te rebaptise
Tu t'appelleras : Kiyengi
Kiyengi
Voilà

Et c'est peut-être dans ma tête au moins
Sinon dans mon coeur
Que depuis lors
Une colombe sillonne les océans
Traverse les savanes
Perce les forêts
Elle surplombe toutes les montagnes
Chantant le même message
Que la mer porte dorénavant
Les couleurs vertes des prairies de là-bas
De là-bas, de là-bas...

Vous avez entendu
Vous avez compris, ou vous avez ressenti

Je vous avais dit
Que la ballade pour la Martiniquaise
N'était pas une histoire banale d'amour
C'est l'éloge de tout un peuple
Un pont sur l'histoire
Ou l'histoire d'un pont
En tout cas
C'est la peinture d'un vieux pont
Rajeuni le long des âges
La mer, c'est l'aller et le retour
L'aller et le retour
Remettons la ballade

La girouette
De la petite mouette
Qui bouscule ma tête
Je jurerai au nom de l'ancêtre
Qu'elle est petite-fille de mon royaume
Partisane de la fête
Je lui donnerai sa couronne
Abandonnée par son arrière-grand-mère
Qui fut aussi la mienne
Sur le bord de la rivière
L'ancienne plage des larmes
Les larmes du passé
Sur un bateau cassé
La mère a été violée
Sur du sable sali

C'est un peuple trahi
Et l'Univers est souillé
L'Univers est souillé
Ntsakila Kiyengi e yaya
Ntsakila Kiyengi e yaya

Mais puisque nous avons dit
Que la mer c'est l'aller et le retour
L'aller et le retour Messieurs et Dames
Proclamons-le bien fort

Que la mer est revenue
C'est un bateau qui rit
Sur du sable ensoleillé
Pour un peuple en allégresse
Les vagues sont en liesse
Sur du sable ensoleillé
Pour un peuple en allégresse
Les vagues sont en liesse

Charonne, Paris XI 1986.

104

LA TERRE EN TOUTE CONFIANCE

Pour Constance Makoua-ma-Massala

Muana me Muana me muana me
Muana mié Makua ma Massala
Nguri yaku e Sylvie ma Mutima
Na meme tayi dia ye tua soridi
Na tua tiri, bukuri tua tilisini
Ngo wa butikiri
Mua yé wu, muan' bétu é, buka a a
Kiminu kia makuélé : bala

Ton regard, mon enfant
Et ton sourire, ma fille
C'est un jet de lumière
À l'alliance des chemins
Pris par tes parents

Abandonnée, dans les bras de ta mère
Tu joues des doigts, tu tends la main
Vers la main de ton père
Te voilà gazouiller
Lalalala, lalalala
C'est souvent que tu chantes
Lalalala, lalalala

Il t'arrive de crier
Lalalala, lalalala
Mais toujours en souriant
Viens, mon petit soleil respendissant
Viens, ma jolie Constance épanouissante
Viens, Makoua, ma bien-aimée
Viens marquer tes pas
Et prendre la terre en toute confiance

Train Corail Lyon-Tours, août 1995.

LE RENOUVEAU

Bonjour Sarah,
Comme tous les jours, dans les nuages qui défilent, tu
te sens ballottée. Pense donc à renaître les matins, avec
les promesses du soleil : ce grand enfant qui jamais ne
voit vieillir son sourire .
    Joyeux anniversaire à toi.

Vole
Je vole
Je suis un oiseau-migrateur
Je sais d'où je viens
Et où je vais, je ne le sais
Mais je pars
Oui je pars
À la conquête du soleil de mes jours

Je rabats des vents froids, des vents chauds
Qui endurcissent mes ailes
Des jours s'éveillent et s'endorment
Des semaines, des mois, des années

On dit que tout passe avec le temps
Et mon regard est toujours à l'horizon
C'est l'espoir de mes fleurs des lendemains

Que rapporte la rosée, le matin
Lavé, mon visage reste éclairé
Par les rayons infinis du renouveau
Même si l'on dit : que le temps passe
Que le temps passe
Le temps passe

Tours, 10 juin 1996.

FRISSONS

Tu m'appelles *Etranger*
Tu voudrais me connaître

Des sourires à distance
J'ai la grâce de tes yeux
Je dessine ta démarche
Mais ne touche à ta peau
Et ne sens ton parfum
Je l'entends bien, ta voix
C'est elle qui me charme
Quand secouée, tu deviens
Par un aveu caché
Tu bombes ta poitrine
Tu inspires et tu souffles
Oh ces poumons qui gonflent
Qui chargent et qui déchargent
M'aspirant en ton sein
Ton ventre est vide et creux
Et je m'y sens avalé
Tourmenté, je m'y perds
Sans plus aucun repère
Que celui de l'orphelin
Qui errant assoiffé
Accourt à ta fontaine

Boire ton être intime
Paysan convoitant ton allure majestueuse
Je suis le sage-fou de ton être sacré
L'étranger qui s'arrête à ta fenêtre ouverte
Pour y voler la lumière

On vit quelquefois aussi d'une petite étincelle
Du bonheur de l'autre

Genève, 23 janvier 1997.

CHAT

à Micha et à tous les squatters de Genève

Le silence d'un chat
C'est le secret d'un coeur
Secret d'un coeur
Ce pourrait être
Le bonheur
De tout un être

Silence d'un chat
Un bébé fait ses pas
Faut-il lui tendre un bras
Qu'y a-t-il sur la voie
Lui dans la vie s'en va
Dans une cité de droit
Il sort droit d'un bois
Où végètent les sans-loi
Mais lui dans la vie s'en va

Un chat sur les bras
Il veille et ne dort pas
Nous lui souhaitons courage
Et comme il est si brave
Ce sera lui le roi de l'oasis-mirage

À tout être qui part
On bénit le voyage
C'est cela les poètes
Quelque part
Toujours une fête
Occasion d'un partage
À la fin d'un voyage
Oui il faut un partage
À la fin du voyage

Genève, décembre 1993.

GLOSSAIRE

Bakongo
Les esclaves en Kibémbé. Indique aussi l'appellation d'un clan formé par les anciens esclaves affranchis.

Ba nua mapa
Ceux qui boivent de l'eau.

Bilongo
Médicament, fétiche-guérisseur.

Boganda
Liqueur à base de la distillation du maïs ; peut atteindre 95°.

Kibakila kia nkossi
La bravoure du lion.

Mama
Maman en langues Kongo.

Mam
Diminutif de Mama.

Mandangui
Personnage du voyageur un peu clochard, mais lucide et questionneur du temps, des âges et des êtres.

Matanga, Mikila
Les deux mots désignent la même chose dans ce volume : manifestation de réjouissance dans la forêt organisée par Ngondo, un paysan chasseur et récolteur de vin de palme.

Mapa
Eau en kibémbé.

Mbende
Rat zébré et coloré des champs du pays Kongo ; les paysans le mangent, et le trouvent facilement pendant la saison sèche à l'entrée des terriers d'autres rats car lui-même ne peut en creuser.

Makayabou
Plat de poisson salé.

Mpakassa corrompu
Le mpakassa c'est le buffle ; on parle de viande corrompue en pays Kongo quand elle est faisandée.

Mbongui
Abri servant de lieu de rassemblement dans un village.

Mbote
Bonjour en lingala et kikongo, signifie «être bien». Il s'agit ici du nom du village des gens heureux que visite Mandangui.

Mfumu
Seigneur, maître.

Mokili mo baloki
Traduction littérale : le monde s'est renversé, c'est à dire : les temps ont changé.

Ngandu
Crocodile, caïman, appellation d'une région en pays Kongo.

Ndzombo
Personnage du grand-père sage, éducateur et veilleur ; conscience incarnée de Mandangui.

Ngondo
La lune en kibémbé. Considérée ici comme un personnage. L'auteur voudrait sans doute rendre hommage à un oncle paternel, stérile mais aimant les enfants de ses frères, courageux travailleur ayant de très bons rapports avec tous ses voisins.

Ntangu
Le soleil en kibémbé.

Nkita
Ce, celle ou celui qui est sacré.

Ntsamba
Boisson extraite du palmier pouvant atteindre treize à quatorze degrés.

Ntsanga
Forêt qui pousse sur les cendres du grand village des ancêtres de l'auteur, paradis mythique.

Saka-saka
Feuilles de manioc, plat principal du pays Kongo.

Sangu
Grain de maïs.

TABLE DES MATIÈRES

COLLECTION SCÈNES SUR SCÈNE

Sony LABOU TANSI - **Antoine m'a vendu son destin**
Postface de Clarisse Nicoïdski
Voici la réédition attendue d'un texte qui donne la plénitude de l'art dramatique de Sony Labou Tansi, à travers l'histoire délirante d'une folle dictature. C'est, « une tragédie dont les masques sont secoués d'éclats de rire terrifiants. Tout se fissure ». Une tragédie qui « explore l'instant incommensurable qui sépare un homme de *sa* fin proche, à *la* fin ». Une langue qui (...) « pénètre les paysages superposés de la mémoire, découvre leurs traces perdues et présentes, autant de scarifications anciennes ».
64 p. 65 FF TTC, ISBN 2-912525-02-0

Koffi KWAHULÉ - **Il nous faut l'Amérique**
Tout commence par un pain, un pain tendre, un bon pain que Topitopi et Badibadi, sa femme enceinte, partagent avec Opolo, l'ami de la famille. Faute de caler les ventres, le bon pain est prétexte à des palabres de «nègres dans un tunnel». Mais voilà que Badibadi, en poussant la porte des toilettes, fait apparaître la lumière. Le miracle a l'odeur du pétrole. Oui ! Badibadi pisse du pétrole ! Et grâce aux précieux conseils d'Opolo, c'est bientôt la gloire et la richesse. L'opulence enfin. Cependant, la production de pétrole commence à baisser, Badibadi grossit, grossit, grossit... n'accouche toujours pas et ses caprices se font de plus en plus irréalisables...
60 p. 60 FF TTC, ISBN 2-912525-01-2

Caya MAKHÉLÉ - **La danse aux amulettes**
Interné à la suite du meurtre d'une femme rencontrée au hasard d'une promenade, Picpus doit aujourd'hui se réinsérer dans la société. En a-t-il seulement la volonté ? Il se trompe de rendez-vous et se retrouve face à une prostituée qui le prend pour un client aux exigences particulières. Le quiproquo s'installe alors entre comique, tragique et simulation, sincérité subite et séduction, une joute entre deux personnages qui finiront par s'inventer un rituel obsédant.
56 p. 55 FF TTC, ISBN 2-912525-03-2

COLLECTION REGARDS ET PALETTES

Annie CICATELLI - **Enfants du Brésil**
Textes introductifs de Tierno Monénembo et Caya Makhélé,
Autour des photos d'Annie Cicatelli, des témoignages pour dire l'enfance. Ici les visages des *Enfants du Brésil* portent les stigmates de tous les enfants du monde. Ici les sourires marquent le temps de nos peurs et soulignent combien nous ne savons toujours pas aimer l'avenir. Ce livre est une invitation à toutes souvenances, conte en images, regard de femme sur un monde sorti d'une longue gestation, regard d'adulte posé délicatement sur nos propres visages comme un bouquet d'espoir.
100 p. 150 FF TTC, ISBN 2-912525-05-5

COLLECTION RYTHMES ET PAROLES - COMPACT DISQUE

Gilbert MASSALA SALLADIN - **Les mots d'Afrique**
Ce sont avant tout les mots d'un conteur, musicien et créateur acharné de textes qui donnent du sens à sa vision du monde. Ce disque fait écho à l'ouvrage *Mémoire et voyages*.
C.D. Chants et contes d'Afrique, 120 FF TTC.

COLLECTION RHAPSODIES ET CIE

Sony LABOU TANSI - **Le quatrième côté du triangle**
Postface de Caya Makhélé
Ce recueil inédit, de l'écrivain le plus doué de sa génération, décédé prématurément en 1995, complété par des poèmes parus dans le premier numéro de la revue Équateur, est une référence qui situe l'évolution de l'écriture de Sony Labou Tansi, dans le temps et l'histoire de l'Afrique contemporaine.
104 p. 95 FF TTC, ISBN 2-912525-04-7

Achevé d'imprimer
en juillet 1997
sur les presses
de l'imprimerie A. Robert
116, bd de la Pomme
13011 Marseille

Dépôt légal : août 1997